Allgemeine Psychologie II. Schizophrene Störungen, emotionale Intelligenz und die Rolle der Bewertung bei der Entstehung von Emotionen

Katharina Gross

Bibliografische Information der Deutschen Nationalbibliothek:

Die Deutsche Nationalbibliothek verzeichnet diese Publikation in der Deutschen Nationalbibliografie; detaillierte bibliografische Daten sind im Internet über http://dnb.d-nb.de abrufbar.

ISBN: 9783346318572
Dieses Buch ist auch als E-Book erhältlich.

Druck und Bindung: Books on Demand GmbH, Norderstedt Germany
Gedruckt auf säurefreiem Papier aus verantwortungsvollen Quellen

Das vorliegende Werk wurde sorgfältig erarbeitet. Dennoch übernehmen Autoren und Verlag für die Richtigkeit von Angaben, Hinweisen, Links und Ratschlägen sowie eventuelle Druckfehler keine Haftung.

Das Buch bei GRIN: https://www.grin.com/document/967179

Einsendeaufgabe

Allgemeine Psychologie II

Alternative A

Modulverantwortlicher Hochschullehrer: Herr Alexander Wendland

SRH Fernhochschule – The Mobile University

Modul:	Allgemeine Psychologie II
Studiengang:	B. Sc. Psychologie

Vorgelegt von: Katharina Gross

Inhaltsverzeichnis

3

Abkürzungsverzeichnis

BTZ	Berufstrainingszentrum
EI	Emotionale Intelligenz
EQ	Emotionaler Quotient
ICD	International Classification of Mental and Behavioural Disorders
IPS	Individual Placement and Support
IQ	Intelligenzquotient
WfbM	Werkstätte für behinderte Menschen

Abbildungsverzeichnis

Tabellenverzeichnis

1 Schizophrene Störungen

1.1 Das Krankheitsbild der Schizophrenie

Das Krankheitsbild der Schizophrenie (ICD F20) umfasst eine Gruppe psychotischer Störungen, welche mit Störungen des Denkens, der Emotionen und des Verhaltens einhergehen (Davison, Neale, Hautzinger, 2016, S. 366). Es handelt sich um eine schwerwiegende psychopathologische Erkrankung, deren Auswirkungen auf das Leben der Betroffenen gravierend sind. Symptome wie Halluzinationen und Wahnideen verursachen großes Leid und tragen zu einer tiefgreifenden Entmutigung der Patienten bei. Das z. T. auffallend „seltsame Verhalten" und das Unvermögen zu einem alltäglichen sozialen Umgang mit anderen führt zu Isolation und Einsamkeit. Kognitive Beeinträchtigungen und Willensschwäche erschweren eine kontinuierliche Berufstätigkeit. Nicht selten werden Betroffene arbeitslos, verarmen oder verlieren ihr Obdach.

Die Hauptsymptome der Schizophrenie werden in drei Kategorien gegliedert: „Positive Symptome", „negative Symptome" und sogenannte „weitere Symptome".

Die Positivsymptomatik fasst Erscheinungen zusammen, die zum Erleben und Verhalten hinzukommen (Caspar, Pjanic, Westermann, 2018, S. 83). Sie sind häufig während akuter Schübe zu beobachten. Hierzu zählen neben einer desorganisierten Sprechweise bis hin zu einem sogenannten „Wortsalat" (bzw. formale Denkstörung), Halluzinationen und Wahnideen (Davison et al. 2016, S. 366-367). Halluzinationen sind Sinneseindrücke, die nur für den Betroffenen, nicht aber für andere Personen, wahrnehmbar sind. Meistens treten sie als akustische Reize auf, bspw. als lautwerdende Gedanken, streitende oder kommentierende Stimmen (Davis, 2016, S. 369-370). Die Wahnideen zeichnen sich durch eine Überzeugung aus, an der trotz widersprüchlicher Belege festgehalten wird (Caspar et al. 2018, S. 84). Die Patienten beschreiben, dass ihnen jemand von außen ihre Gedanken, Handlungen oder Gefühle „macht", d. h., sie können diese nicht selbst steuern.

Die negativen Symptome dauern i. d. R. über akute Episoden hinaus an und gelten als Prädiktor für eine starke Beeinträchtigung des alltäglichen Lebens (bspw. Berufstätigkeit und Freundschaften). Die Negativsymptomatik beschreibt Phänomene, die das Erleben und Verhalten einschränken bzw. dabei wegfallen (Caspar et al. 2018, S. 83). Hierzu gehören u. a. Apathie (Antriebslosigkeit), Alogie (Spracharmut) und Ungeselligkeit. Die Affektstörung zeigt sich in Form einer Anhedonie, d. h., der Unfähigkeit,

Freude zu empfinden oder in Form einer Affektverflachung. Dabei zeigen die Patienten trotz Reize nahezu keine emotionalen Reaktionen mehr. Zu beachten ist jedoch, dass die Affektverflachung nur das beobachtbare Emotionsverhalten betrifft, nicht das innere Erleben der Betroffenen. Zu der Gruppe der weiteren Symptome werden v. a. die Katatonie und der inadäquate Effekt gezählt. Die Katatonie ist eine motorische Auffälligkeit, bei der bspw. eine bestimmte Abfolge von Körperbewegungen ständig wiederholt wird. Im Gegensatz zu einer erhöhten körperlichen Aktivität kann auch ein Stupor auftreten, bspw. das Verharren in einer ungewöhnlichen Position über mehrere Stunden (Davison et al. 2016, S. 371). Die inadäquaten Affekte stellen unangemessene emotionale Reaktionen dar (bspw. Lachen bei einer Todesnachricht). Zwischen unterschiedlichsten emotionalen Zuständen wird schnell gewechselt.

Trotz der Symptomeinteilung in die genannten drei Hauptkategorien zeichnet sich die Schizophrenie durch eine ausgeprägte Heterogenität der Symptome aus. Im Unterschied zu zahlreichen anderen psychischen Erkrankungen gibt es kein zentrales Symptom, das zwingend für eine Diagnose vorliegen muss. Das Ausmaß an möglichen Symptomen ist vielfältig. Daraus ergibt sich eine ungewöhnliche Bandbreite der beobachtbaren Phänomene von Schizophrenie-Patienten untereinander. Aus diesen Gründen wird die Schizophrenie nach ICD-10 in folgende Untergruppen differenziert:

Art der Sch.	ICD-10	Hervorstechende Merkmale
Paranoide Schizophrenie	F20.0	Häufigste Form der Schizophrenie; Wahnvorstellungen, oft akustische Halluzinationen, weitere Wahrnehmungsstörungen.
Hebephrene Schizophrenie	F20.1	Affektstörungen und Desorganisation stehen im Vordergrund.
Katatone Schizophrenie	F20.2	Psychomotorische Störungen stehen im Vordergrund (bspw. Erregung, Stupor); Zwangshaltungen werden lange Zeit eingenommen.
Undifferenzierte Schizophrenie	F20.3	Allgemeine Diagnosekriterien der Sch. werden zwar erfüllt. Diese zeigen sich jedoch nicht so eindeutig, als dass eine Unterform festgelegt werden kann.
Postschizophrene Depression	F20.4	Länger anhaltende depressive Episode, die an eine schizophrene Erkrankung anschließt (einige schizophrene Merkmale müssen weiterhin vorliegen).
Schizophrenes Residuum	F20.5	Chronisches Stadium im Verlauf der Erkrankung, gekennzeichnet durch eine Verschlechterung im Vergleich zu einem früheren Stadium.

Schizophrenia simplex	F20.6	Seltenes und ungewöhnliches Zustandsbild; Merkwürdiges Verhalten, soziale Anforderungen können nicht erfüllt werden, Verschlechterung der allgemeinen Leistungsfähigkeit, keine Wahnvorstellungen und Halluzinationen.

Tabelle 1:   *Untergruppen der Schizophrenie und markante Merkmale (Quelle: Eigene Darstellung nach Mombour, Schmidt, 2011, S. 131-139).*

Für die Kategorien F20.8 (sonstige Schizophrenie) und F20.9 (Schizophrenie, nicht näher bezeichnet) liegen keine klar formulierten Kennzeichen vor. Die Diagnose der F20.8 Erkrankung erfolgt im Wesentlichen über die Differentialdiagnose und unter Ausschluss von F23.2 (akute schizophrene Störung), F21 (schizotype Störung) und F25 (schizoaffektive Störung).

Auf physiologischer Ebene gilt seit den 70er Jahren und der „Dopaminhypothese der Schizophrenie" von Snyder et al. (1974) und Carlsson (1978) die Annahme, dass dem Krankheitsbild prä- und postsynaptische Regulationsstörungen des Dopaminstoffwechsels zugrunde liegen (Leucht, Hasan, Jäger, Vauth, 2019, S. 314). Es werden eine dopaminerge Überaktivität in limbischen Hirnregionen und eine dopaminerge Unteraktivität im Frontalhirn angenommen. Außerdem erhärtet sich zunehmend die Vermutung, dass die Störung des Dopaminstoffwechsels mit einer Störung des Glutamatstoffwechsels in Verbindung steht. Eine erhöhte Freisetzung von Glutamats zieht womöglich eine präsynaptische Aktivitätssteigerung der Dopaminrezeptoren nach sich (Leucht et al. 2019, S. 314).

1.2 Die Krankheitsbilder schizotype und wahnhafte Störung

Die schizotype Störung wird im ICD-10 unter Kategorie von F2 (Schizophrenie, schizotype und wahnhafte Störung) gelistet. Mombour und Schmidt (2011, S. 141) führen aus, dass Entwicklung und Verlauf i. d. R. dem einer Persönlichkeitsstörung ähneln und häufig in Familien vorzufinden sind, in denen bereits eine Person an Schizophrenie erkrankt ist. Die Autoren Davison et al. (2016, S. 466) überschreiben die schizotype Störung als schizotype „Persönlichkeitsstörung". Zurückzuführen ist dies auf eine dänische Studie (Kety et al. 1968, zit. nach Davison et al. 2016, S. 466), welche adoptierte Kinder schizophrener Eltern untersuchte. Dabei eruierten die Wissenschaftler, dass eine markant große Anzahl der Kinder eine Art „abgeschwächte" Form der Schizophrenie zeigte.

Aus dieser Feststellung entwickelten Spitzer, Endicott und Gibbon (1979) die diagnostischen Kriterien der schizotypen Persönlichkeitsstörung (Davison et al. 2016, S. 466). Weil die Annahme gilt, dass die Störung aufgrund einer genetischen Komponente auftritt, wird sie im ICD-10 jedoch unter F2 und nicht unter F6 (Persönlichkeits- und Verhaltensstörungen) geführt. Vermutlich prägen die Betroffenen einen Teil des genetischen Spektrums aus (Mombour, Schmidt, 2011, S. 140). Prinzipiell zeigen Betroffene Symptome, die schizophren wirken.

Kennzeichnend für die schizotype Störung (F21) sind ein exzentrisches, eigentümliches Verhalten und Erscheinungsbild. Weiterhin prägen viele Betroffene Anomalien des Denkens und der Stimmung aus. Auch Misstrauen, Illusionen oder ungewöhnliche Wahrnehmungserlebnisse oder „magisches Denken" gehören zu den Phänomenen (Mombour, Schmidt, 2011, S. 139). Der Verlauf ist chronisch und kann in eine eindeutige Schizophrenie münden.

Für die anhaltende wahnhafte Störung (F22) ist der lange andauernde Wahn das einzige und markanteste klinische Symptombild. Es ist nicht auf organische, schizophrene oder affektive Ursachen zurückzuführen (Mombour, Schmidt, 2011, S. 141). Vielfach auftretende Wahnideen sind der Verfolgungswahn und der hypochondrische Wahn, aber auch Größenwahn, Querulantenwahn oder ein Eifersuchtswahn können auftreten. I. d. R. sind Affekt, Sprache und Verhalten normal. U. U. durchleben die Betroffenen depressive Phasen. Typische Symptome der Schizophrenie wie Halluzinationen, Kontrollwahn, Affektverflachung und Gehirnerkrankungen sind von der wahnhaften Störung abzugrenzen (Mombour, Schmidt, 2011, S. 141). Gewöhnlich beginnt die Erkrankung im mittleren Alter. Vor einer Diagnostizierung müssen die Symptome über drei Monate hinweg anhaltend bestehen.

1.3 Integration schizophrener Personen im Arbeitsalltag

Nicht nur die Auswirkungen der körperlichen Symptome, sondern die Folgen für das Arbeitsleben der meisten Schizophreniepatienten sind beträchtlich. Weltweit ist Schizophrenie eine der Hauptursachen für Arbeitsunfähigkeit (Steadman, 2015, S. 5). Die Belastung für das Gesundheitswesen und den Staat in wirtschaftlicher und sozialer Hinsicht ist immens. Ein wesentlicher Teil der mit Schizophrenie verbundenen Kosten werden für Arbeitslosengeld, berufliche Rehabilitationsdienste und Sozialhilfeleistungen aufgebracht, weil die Betroffenen für den normalen Arbeitsmarkt als nicht vermittelbar gelten. Schon beim Einstieg in den Arbeitsmarkt sind die Bedingungen oft besonders erschwert, weil die Erstmanifestation der Krankheit häufig im Jugendalter oder mit Anfang zwanzig auftritt. Ein Großteil der Betroffenen hat Schwierigkeiten, eine adäquate Ausbildung zu durchlaufen. Gühne und Riedel-Heller (2015, S.19) betonen, dass die Voraussetzungen für eine gelungene Partizipation am Arbeitsleben bereits am Übergang von der Schule hin zur Ausbildung und zum Beruf gelegt werden. Gelingt dieser Übergang nicht, sinkt die Chance auf ein geregeltes Arbeitsleben und das Risiko der Arbeitslosigkeit erhöht sich. In einer Studie von Marhawa und Johnson (2004, zit. nach Gühne, Riedel-Heller, 2015, S. 22) stellte sich heraus, dass ein gutes prämorbides soziales Funktionsniveau mit einer höheren Arbeitsrate einher ging. Außerdem zeigten Patienten, die auch nach der Diagnose Schizophrenie in einem Arbeitsverhältnis standen, ein höheres soziales Funktionsniveau. Ebenso waren die psychiatrischen Symptome weniger ausgeprägt und die Befragten berichteten von einer höheren Lebensqualität (Burnes et al. 2009, zit. nach Gühne, Riedel-Heller, 2015, S. 23).

Hinzu kommen Nebenwirkungen der Behandlung und die Möglichkeit einer Wiedererkrankung. Der Lebenslauf einer Person mit Schizophrenie entspricht nicht dem üblichen bzw. geforderten Standard, d. h. es treten z. B. (krankheitsbedingte) Lücken auf. Doch selbst wenn eine Arbeitsstelle gefunden ist, tritt häufig die nächste Hürde auf, nämlich die negativ behafteten Einstellungen und Vorurteile der Kollegen und Arbeitsgeber. Ein Großteil der Bevölkerung unterliegt der Fehleinschätzung, dass die Diagnose Schizophrenie gleichzusetzen ist mit einer Arbeitsunfähigkeit. Das gesamtgesellschaftliche Bild über Schizophrenie bedarf dringend einer Berichtigung in Form von Information und dem Abbau von Berührungsängsten.

Ärzte konzentrieren sich i. d. R. auf die Kontrolle der klinischen Symptome und nicht darüber hinaus auch auf eine Wiedereingliederung oder Integration in die arbeitende Gesellschaft. Dabei gehört genau dieser Aspekt für sehr viele Betroffene zu einer Gesundung dazu. Mit der Rückkehr in die Arbeitswelt steigen das Selbstbewusstsein, die Würde und die soziale Integration (Steadman, 2015, S. 5). Zahlreiche Betroffene sehen die Aufnahme einer geregelten Arbeit als Teil der Genesung.

Steadman (2015, S. 9) beschreibt, dass die Anzahl der Menschen mit Schizophrenie in Werkstätten für behinderte Menschen (WfbM) zunimmt. Dabei handelt es sich nicht um die Art beruflicher Integration, wie sie sich viele der Betroffenen wünschen, denn sie verdienen lediglich ein geringes Einkommen und sind wenig integrativ. Vor allen Dingen erleben sich Schizophreniepatienten klar der Gruppe behinderter Menschen zugeteilt und nicht als Teil des regulären Arbeitsmarktes und der damit verbundenen Autonomie.

Einen Bestandteil der rehabilitativen Maßnahmen stellen Berufstrainingszentren (BTZ) dar. Grundsätzlich wird deren Unterstützung positiv bewertet. Ein Nachteil liegt jedoch darin, dass die Zielgruppe der BTZ diejenige ist, die bereits einen Arbeitsplatz hat und an diesen zurückkehren möchte (Steadman, 2015, S. 8). Für junge Menschen ohne Ausbildung liegt darin keine förderliche Option in den Arbeitsmarkt einzusteigen. Daraus resultiert eine „Negativspirale", denn kann keine Ausbildung als Fundament gelegt werden, so wird sich auch die spätere Jobvermittlung schwierig gestalten. Hierin liegt ein dringender Änderungsbedarf für die Betroffenen, die die Diagnose bspw. während ihrer Jugend erhalten und dennoch gewillt und in der Lage sind, in den Arbeitsmarkt einzusteigen.

Eine gängige Rehabilitationsmaßnahme ist das „First-Train, Then-Place"-Paradigma (Nischk, Hauk, Flügel, Grünmüller, Klimm, Temme, 2017, S. 2), d. h., Menschen mit einer psychischen Erkrankung erlernen Fähigkeiten in einem geschützten Rahmen, um dann auf dem allgemeinen Arbeitsmarkt vermittelt zu werden. Weil die Methode langfristig nicht effektiv ist, wird in den USA und in Europa zunehmend eine andere Art des „Supported Employement" angewendet: Das IPS – Individual Placement and Support-Modell sieht vor, die Betroffenen in einem ersten Schritt an einen Arbeitsplatz zu vermitteln, bevor dann eine Einarbeitung mit den benötigten Fähigkeiten erfolgt („First-Place, Then-Train"). Besonders an diesem Modell ist die Tatsache, dass die Unterstützung nach der Vermittlung und der „Einarbeitung" nicht endet, sondern unbefristet andauert (Nischk et al. 2017, S. 2).

Steadman (2015, S. 9-10) führt in ihrer Arbeit an, dass eines der Hauptprobleme nicht die mangelnden Konzepte seien, sondern die Hürden, bis die Betroffenen Kenntnis über ihre Möglichkeiten erlangen. Das deutsche Rehabilitationssystem zeichnet sich durch eine hohe Komplexität aus, das oftmals diejenigen nicht erreicht, die es benötigen. Die regionalen Unterschiede sind groß und das Stellen der Anträge ist langwierig und kompliziert, hinzukommen lange Wartezeiten und von einer Maßnahme in eine andere zu wechseln, ist fast unmöglich. Die Folge ist, dass häufig zu bekannten Maßnahmen wie einer Jobvermittlung in eine WfbM gegriffen wird. An diesem Punkt muss dringend ein Bewusstsein dafür geschaffen werden, dass viele Schizophreniepatienten auch außerhalb solcher Werkstätten, an einem „normalen" Arbeitsplatz Fuß fassen können und

10

wollen. Der bürokratische Prozess muss vereinfacht und zeitlich verkürzt werden. Möglicherweise könnte eine zentralere Regelung hier Erleichterung schaffen.

Weiterhin muss die Flexibilität für die Betreuer und die Betroffenen, eine Strategie zu ändern (auch kurzfristig), verbessert werden. Passt ein bislang gewähltes Konzept nicht zu den Fähigkeiten einer Person, muss es möglich sein, ein anderes Konzept zu wählen, das den Fähigkeiten besser entspricht. Solche Erkenntnisse werden häufig während des Ausprobierens gewonnen und sollten im Sinne einer Verbesserungsmöglichkeit und nicht eines Versagens betrachtet werden.

Auf der Seite der Arbeitgeber steht der Hemmungsabbau an erster Stelle, wozu Aufklärung und Informationen über Schizophrenie und die unterschiedlichen Ausprägungen eine Grundvoraussetzung darstellen. Die Betriebe benötigen ein detailliertes Bild davon, welche Unterstützung sie bekommen, wenn sie eine Person mit Schizophrenie einstellen (Steadman, 2015, S. 11). Ebenso bedarf es einer individuellen Abklärung auf Seiten der Betroffenen, mit welchen Bedingungen sie langfristig eine möglichst stabile Arbeitskraft verkörpern können (bspw. Arbeitszeiten oder sitzende versus stehende Tätigkeit etc.).

Auf der politischen Ebene ist es vonnöten für die Förderung der beruflichen Integration ausreichend Mittel zur Verfügung zu stellen. So geben Nischk et al. (2017, S. 2) an, dass IPS in Deutschland nicht finanziert wird, obwohl die Integrationsquoten nachweislich höher liegen als bei „First-Train, Then-Place"-Ansätzen.

Schließlich lässt sich zusammenfassen, dass die Bandbreite der Ausprägungen von Schizophrenie groß ist, weshalb auch das Spektrum an Rehabilitations- und Eingliederungsmöglichkeiten nicht eintönig sein darf. Im Vordergrund sollte stehen, für jedes Individuum den richtigen Arbeitsplatz zu finden. Dieser kann, je nach Ausprägung der Symptome, in einer WfbM sein. Viele der Betroffenen, die bspw. medikamentös gut eingestellt sind, profitieren gesundheitlich von der Teilhabe an einem „normalen" Arbeitsplatz, weil sie dadurch eigenständiger und unabhängiger sind. Die sozialstaatliche Belastung wird außerdem geringer, wenn Menschen einer Arbeit nachgehen, von der sie ihren Lebensunterhalt bestreiten können.

2 Die Rolle der Bewertung bei der Entstehung von Emotionen

2.1 Kausalmodelle zur Rolle der Bewertung bei der Emotionsentstehung

Um das menschliche Verhalten besser durchdringen zu können, ist das Verständnis darüber, wie Emotionen entstehen, bedeutsam. Hierzu hat die psychologische Wissenschaft Emotionstheorien entwickelt, die versuchen, jeweils aus einer anderen Perspektive, das Zustandekommen von Emotionen und ihre Veränderbarkeit differenziert zu untersuchen (Bsp.: Behavioraler und lernpsychologischer Ansatz). Da im Rahmen dieser Aufgabe der Bewertungsprozess von Emotionen im Vordergrund steht, werden im Folgenden drei wesentliche kognitive Kausalmodelle dargestellt. Sie gehen der Frage nach, was bei der Entstehung von Emotion als Ursache und was als Wirkung fungiert.

Modell 1: Reizbewertungsansatz

Das erste Modell beschreibt, dass zwischen dem Reiz und der Reaktion ein Bewertungsprozess zwischengeschaltet ist. Folglich führt ein Reiz nicht automatisch zu einer Emotion. Vielmehr wird ein wahrgenommenes Ereignis zunächst kognitiv eingeordnet (bspw. gefährlich oder ungefährlich) bevor eine emotionale Reaktion folgt (Schmidt-Atzert et al. 2014, S. 134). Schematisch gestaltet sich das erste Modell folgendermaßen:

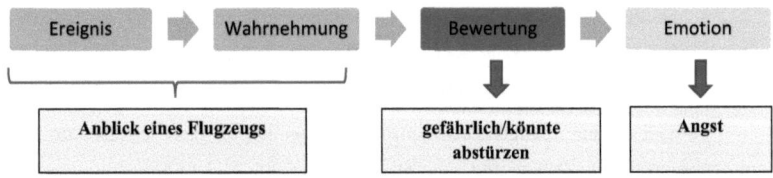

Abbildung 1:   *Modell 1 (Bewertung vor der Emotion) mit Beispiel*
(Quelle: Eigene Darstellung, in Anlehnung an Schmidt-Atzert et al., 2014, S. 136).

Modell 2: Reaktionsbewertungsansatz

Das zweite Modell postuliert den Vorgang dergestalt, dass nach dem wahrgenommenen Ereignis zunächst eine körperliche (physiologische) oder behaviorale Reaktion erfolgt. Aufgrund dieser Reaktion entscheidet das Individuum, wie seine Emotion ausfällt. Die Emotion wird somit interpretiert und die folgende Bewertung ist das Ergebnis einer subjektiven Betrachtung. Anders als bei dem ersten Modell löst das wahrgenommene Ereignis direkt eine Emotion aus.

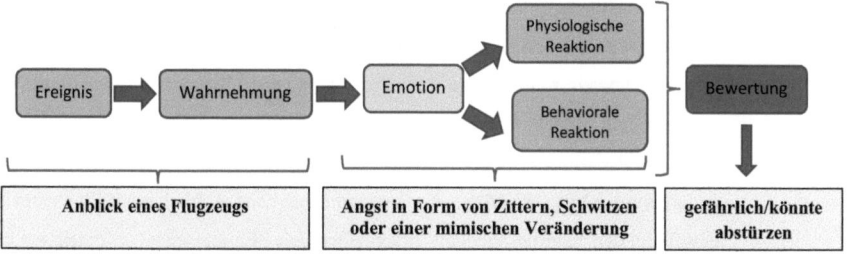

Modell 2: Bewertung erfolgt nach der Emotion
(Quelle: Eigene Darstellung in Anlehnung an Schmidt-Atzert et al. 2014, S. 136)

Modell 3: Emotionsregulation

Innerhalb des dritten Modells fällt die kausale Beziehung zwischen der Emotion und der Bewertung weg. Beide Komponenten treten unabhängig voneinander als Reaktion auf das wahrgenommene Ereignis auf. Dies kann sowohl zeitgleich als auch zeitlich versetzt vonstatten gehen. Das dritte Modell lässt dem Individuum im Gegensatz zu den vorigen Ansätzen mehr aktive Gestaltungsmöglichkeiten, d. h., es kann versucht werden, unangenehme Emotionen zu verhindern und angenehme herbeizuführen. Konkret könnte dies so aussehen, dass eine Person, die ein Flugzeug sieht, zwar erst an das Risiko eines Absturzes denkt, dann aber gezielt daran denkt, dass im Flugverkehr weniger Unfälle passieren als im Straßenverkehr. Die Bewertung wird somit beeinflusst und/oder verändert und folglich wird die Emotionen bzw. körperlichen Reaktionen modifiziert (Schmidt-Atzert, 2014, S. 135).

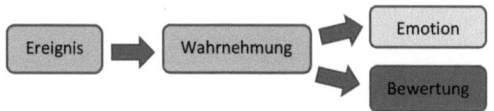

Abbildung 3:   *Modell 3: Kausale Unabhängigkeit zwischen Emotion und Bewertung*
(Quelle: Eigene Darstellung in Anlehnung an Schmidt-Atzert et al. 2014, S. 136)

Arnold (1950, zit. nach Schmidt-Atzert, 2014, S. 136) differenziert den Bewertungsablauf in einen primären und sekundären Prozess. Gegenstand des Ansatzes ist, dass mit der Wahrnehmung von Ereignissen bestimmte Erwartungen verbunden sind, die Verhaltenstendenzen verantworten, d. h., den Sinneseindrücken wird eine Bedeutung zugewiesen und sie werden „primär bewertet". Der daraus resultierenden Verhaltenstendenz (das Gefühl, z. B. Angst vor dem Fliegen) folgt eine physiologische Reaktion (bspw.

Schweißausbrüche), die ebenfalls wahrgenommen wird. Die folgende Bewertung der körperlichen Reaktion stellt die „sekundäre Bewertung", also nicht mehr eine Bewertung der Umwelt, sondern eine Bewertung der eigenen Emotionen dar. Arnold verdeutlicht mit dem Modell, dass ein erster Gefühlsimpuls mit seinen dazugehörigen physiologischen Reaktionen (wie Herzklopfen oder Zittern) in einer zweiten Bewertung intensiviert werden kann. So könnte ein Passagier, der beim Anblick eines Flugzeugs Angst empfindet und zu zittern beginnt, beschließen keine Flugreisen zu unternehmen.

2.2 Bewältigungsansätze des Transaktionalen Stressmodells nach Lazarus

Lazarus postuliert, Stress als eine dynamische Wechselwirkung (Transaktion) zwischen Individuum und Umwelt zu betrachten (Faltermaier, 2017, S. 89). Maßgeblich ist die ständige gegenseitige Beeinflussung der beiden Komponenten und ihre damit einhergehende Veränderung. Der Zustand von „Stress" tritt nach Lazarus und Launier (1981, S. 226, zit. nach Faltermaier, 2017, S. 89) dann ein, wenn

> *„äußere oder innere Anforderungen (oder beide) die Anpassungsfähigkeit eines Individuums (...) beanspruchen oder übersteigen".*

Das eindrückliche Zitat zeigt, dass das empfundene Ausmaß an Stress einer Person damit in Verbindung steht, wie effektiv eine Anpassungsleistung an die situativen Gegebenheiten geleistet werden kann. Die (Bewältigungs-) Ressourcen entscheiden darüber, ob das Ungleichgewicht zwischen Herausforderung und Bewältigung zu groß ist oder nicht. Entscheidend ist dabei nicht die objektive Sicht auf die Herausforderung, sondern die subjektive Einschätzung einer Person, ob sie mit ihren Ressourcen die anstehende Herausforderung bewältigen kann (Faltermaier, 2017, S. 89). Für den Einstufungsprozess einer Situation sieht Lazarus drei Stufen vor:
Die *primäre Bewertung* (primary appraisal) dient dazu, zu entscheiden, ob eine Situation hinsichtlich des Wohlergehens irrelevant, positiv oder belastend eingestuft wird. Wird sie als belastend bewertet, entsteht Stress. Entscheidend ist v. a., ob dieser Stress als Beeinträchtigung eingeordnet wird oder als Herausforderung, deren Bewältigung positive Konsequenzen nach sich zieht (Faltermaier, 2017, S. 93).
Mit der *sekundären Bewertung* (secondary appraisal) geht die Überprüfung einher, welche Ressourcen zur Verfügung stehen, um die Belastung möglichst so zu bewältigen, dass keine Beeinträchtigung des Wohlbefindens eintritt.

14

Der Versuch einer Person, eine belastende Situation zu verändern, zieht zwangsläufig eine Modifikation im Gefüge der Person-Umwelt-Transaktion nach sich. Dem Bewältigungsversuch folgt eine *Neubewertung* (reappraisal), weil sich die Situation bspw. verbessert oder verschlechtert (Faltermaier, 2017, S. 94). Die ständige dynamische Wechselwirkung zwischen Mensch und Umwelt nennt Lazarus Transaktion.

2.3 Coping

Der englische Ausdruck „to cope" bedeutet übersetzt „bewältigen". Im Mittelpunkt von „Coping" und „Coping-Strategien" steht somit die Beschäftigung mit Bewältigungsstrategien. Lazarus versteht darunter diejenigen Versuche einer Person, die dazu dienen, Belastungen so zu begegnen, dass das Wohlbefinden keinen Schaden nimmt oder wiederhergestellt wird. Faltermaier (2017, S. 97-99) beschreibt, dass sich die Messung von wirksamer Bewältigung als schwierig erweist (u.a. wegen häufig retroperspektiver Betrachtungen). Lazarus trennt zwischen zwei Funktionen von Coping:

Art der Coping-Strategie	Beispiele
Problemorientiertes Coping bzw. intrumentelles Coping	
Veränderung des Stressors Mittel: direkte Handlungen oder das Problem lösende Aktivitäten	Kampf (Zerstörung des Stressors) Flucht (Entfernung vom Stressor) Leugnen, Verhandeln, Kompromisse schließen Künftigen Stress vermeiden, indem die eigene Widerstandsfähigkeit erhöht wird oder die Stärke des Stressors abnimmt.
Emotionsorientiertes Coping	
Veränderung der eigenen Einstellungen und Gefühle (Stressor bleibt unverändert) Mittel: Tätigkeiten, die das Wohlbefinden steigern	Aktivitäten, die am Körper ansetzen (bspw. Medikamente, Entspannung, Biofeedback) Aktivitäten, die an der Psyche ansetzen (geplante Ablenkung, Fantasien, Gedanken über sich selbst) Therapie zur Regulierung der bewussten und unbewussten Prozesse, die zu zusätzlicher Angst führen

Tabelle 2: *Problemorientiertes und emotionsorientiertes Coping (Quelle: Eigene Darstellung nach Gerrig, 2016, S. 485)*

Grundsätzlich ist ein maladaptives bzw. dysfunktionales Coping möglich, d. h., die verwendete Maßnahme kann gesundheitsschädlich sein (bspw. Rauchen, um zu entspannen). Es handelt sich dabei meist um Strategien, die tendenziell eine Ausflucht darstellen und nur kurzfristig helfen.

Wesentlich effektiver sind adaptive bzw. funktionale Copingstrategien, die das Coping-Repertoire langfristig bereichern (bspw. regelmäßig Sport treiben, um Spannungen abzubauen).

Das problemorientierte Coping ist vorrangig bei kontrollierbaren Stressoren sinnvoll. Die Tatsache liegt darin begründet, dass der Betroffene ein Gefühl von Kontrollierbarkeit erlangt, wenn der Stressor durch das eigene Handeln modifizierbar ist. Hierdurch wird ein Gefühl des Ausgeliefertseins reduziert.

Ziel des emotionsorientierten Copings ist es, die intrapersonelle Positionierung gegenüber dem Stressor zu verändern. Der Vorgang ist v. a. dann nützlich, wenn der Stressor selbst nicht verändert werden kann (bspw. Krankheit). Diese kognitive Änderung der Bewertung eines Stressors gilt als effektive Methode (bspw. im Rahmen einer Neubewertung) (Gerrig, 2018, S. 485).

Es ist zwar nicht zwingend, dass eine Person mit vielen Coping-Strategien besser mit Stressoren umgehen kann. Jedoch ist die Wahrscheinlichkeit erhöht, unter einer Vielzahl von Optionen eine passende Möglichkeit zu finden.

3 Emotionale Intelligenz

3.1 Definitionen der emotionalen Intelligenz

Grundsätzlich versteht man unter EI die Fähigkeit, sowohl die eigenen Emotionen als auch die der Mitmenschen zu verstehen (Maltby, Day, Macaskill, 2011, S. 693, A-sendorpf, 2009, S. 88). Im Wesentlichen gelten drei Theorien als wegweisend, die im Folgenden vorgestellt werden, bevor anschließend auf die Relevanz der EI bei Team-bildungsprozessen eingegangen wird.

Im Fokus des Fähigkeitsmodells von Salovey und Mayer (1900) steht, wie kompetent (oder wie fähig) Emotionen wahrgenommen, verwendet, verstanden und reflektiert werden (Maltby et al. 2011, S. 694). Nach einer Überarbeitung des Modells (2008) gilt folgende Differenzierung von vier Aspekten: Der erste Aspekt bezieht sich darauf, wie Emotionen wahrgenommen, bewertet und zum Ausdruck gebracht werden. Darauf folgt der zweite Aspekt, der untersucht, wie Emotionen zur Unterstützung des Denkens verwendet werden bzw. wie Emotionen und Denken zusammenhängen. Der dritte Aspekt beschäftigt sich mit dem Verstehen und Analysieren von Emotionen und wie effektiv das gewonnene Wissen genutzt bzw. angewendet wird. Der letzte Aspekt bezieht sich auf den Umgang mit Emotionen, d. h., inwiefern eine Regulation von Emotionen erfolgt, durch die Förderung und intellektuelles Wachstum entstehen können (Gerrig, 2018, S. 346).

Die vier Aspekte werden zwei Bereichen zugeordnet: Dem Erfahrungs- und Erlebensbereich gehören die Wahrnehmung und die Verwendung von Emotionen an. Der Strategiebereich bezieht sich auf Ziele oder Handlungspläne. Hierzu gehören das Verstehen von Emotionen und der Umgang mit Emotionen. Zur Erfassung der EI dieses Modells liegt der Mayer-Salovey-Caruso Emotional Intelligence Test in der zweiten Version vor.

Das vermutlich populärste Modell der EI geht auf Goleman (1995) zurück und baut auf den Erkenntnissen von Salovey und Mayer auf. Neuartig ist jedoch, dass Goleman die emotionale Intelligenz in Zusammenhang mit der Amygdala des Gehirns bringt. Sie befindet sich im medialen Temporallappen und ist Bestandteil des limbischen Systems. Das ringförmige System mit unterschiedlichen Gehirnstrukturen dient bspw. der Emotionsverarbeitung, der Entstehung des Triebverhaltens, der Erinnerungsbildung und ist vermutlich auch an intellektuellen Fähigkeiten beteiligt (Maltby et al. 2011, S. 698). Innerhalb der Amygdala laufen Verarbeitungsprozesse von Aggression und Furcht, also von Bedrohungssituationen, ab. Goleman postuliert, dass der Mensch im Laufe seiner

Entwicklung die Kontrolle darüber erlernt, ob er sich für die „Kampf-" oder die „Flucht-reaktion" entscheidet. Das Ausmaß der EI nach Golemans Modell wird anhand der Fähigkeit festgestellt, wie kompetent die Entwicklung, Kontrolle und Verwendung dieser Reaktionen vonstatten geht.

Das ursprüngliche Modell von Goleman sieht ein fünfstufiges, aufeinander aufbauendes Modell vor (Anhang). Nachdem Goleman (2002) eine Änderung des Modells vorgenommen hat, weist die aktuelle Fassung vier Kategorien vor:

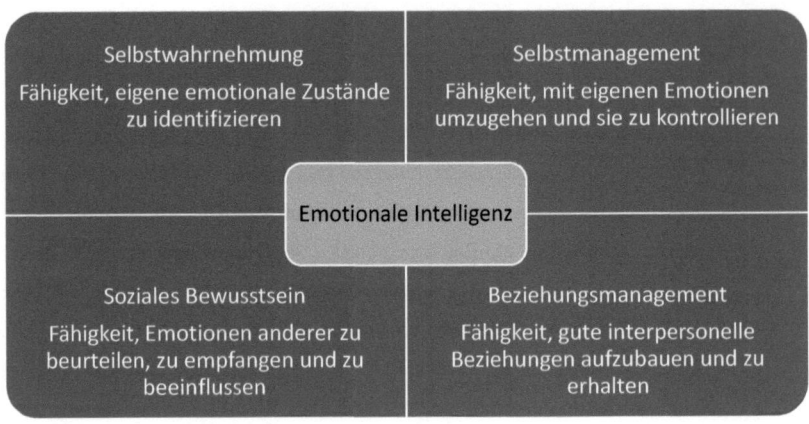

Abbildung 4:   Vier Aspekte der Intelligenz nach Goleman
               (Quelle: Eigene Darstellung nach Maltby et al. 2011, S. 699)

Goleman nimmt zwei weitere Differenzierungen vor. Zum einen stellt er persönliche Kompetenzen den sozialen Kompetenzen gegenüber und zum anderen die Wahrnehmung dem Management.

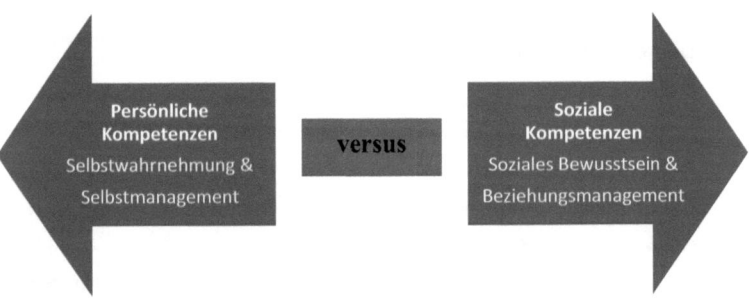

Abbildung 5:   Persönliche Kompetenz versus soziale Kompetenz
               (Quelle: Eigene Darstellung nach Maltby et al. 2011, S. 699)

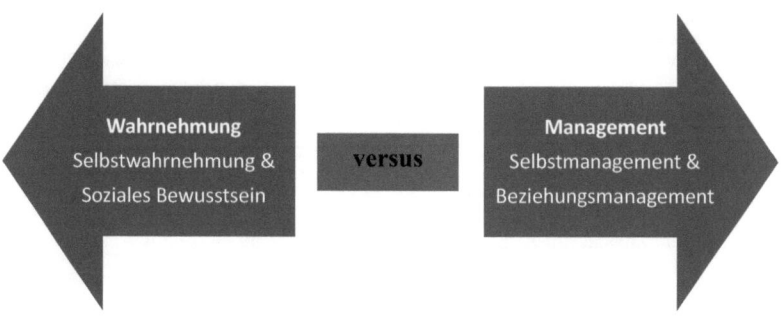

Abbildung 6:   Wahrnehmung versus Management
(Quelle: Eigene Darstellung nach Maltby et al. 2011, S. 699).

Für die Messung der EI nach Goleman liegt das Emotional Competence Inventory in der zweiten Fassung vor. Es ist explizit für den Einsatz am Arbeitsplatz in Form eines 360-Grad-Inventars konzipiert, d. h., dass andere Personen die zu untersuchende Person beurteilen.

Das emotional-soziale Intelligenzmodell geht auf Reuven Bar-On zurück. Die Kernaussage lautet, dass eine effektive Anpassung an die Umweltbedingungen mit Hilfe von emotional und sozial intelligentem Verhalten gelingt (Maltby et al. 2011, S. 702). Dieses Konzept basiert auf der Evolutionstheorie von Charles Darwin. Er stellte fest, dass der Ausdruck von Emotionen für die Anpassung und das Überleben von großer Bedeutung ist (bspw. als Schutzfaktor, indem die Wut eines anderen erkannt wird).
Bar-On beschreibt ein ineinandergreifendes Konstrukt, das zahlreiche Fähigkeiten miteinander verknüpft. Dazu zählen emotionale und soziale Fähigkeiten wie sich selbst und andere zu verstehen, mit ihnen zu interagieren oder umweltbezogene sowie zwischenmenschliche Herausforderungen bewältigen zu können (Maltby et al. 2011, S. 702).
Der US-amerikanische Psychologe entwirft folgende fünf Domänen mit jeweils fünf Subskalen:

19

Domäne	Subskalen
Intrapersonelle Intelligenz	Emotionale Selbstwahrnehmung, Bestimmtheit, Selbstachtung, Selbstaktualisierung, Unabhängigkeit
Interpersonelle Intelligenz	Interpersonelle Beziehungen, soziales Verantwortungsgefühl, Empathie
Anpassungsfähigkeit	Problemlösen, Realitätsprüfung, Flexibilität
Stressmanagement	Stresstoleranz, Impulskontrolle
Stimmungslage	Glücklichsein, Optimismus

Tabelle 3:   *Die fünf Domänen und ihre Subskalen des emotional-sozialen Intelligenzmodells nach Bar-On (Quelle: Eigene Darstellung nach Maltby et al. 2011, S. 703)*

3.2 Die Bedeutung der emotionalen Intelligenz für Teams

Wie die drei beschriebenen Theorien und ihre Kriterien zeigen, geht es bei der EI maßgeblich darum, nicht nur die eigenen Emotionen, sondern die Emotionen anderer Personen zu verstehen, zu interpretieren, nachzuvollziehen und durch das eigene Verhalten beeinflussen zu können. In der gegenwärtigen Arbeitswelt sind Teams nicht wegzudenken. Große und vielschichtige Projekte erfordern eine Aufgabenverteilung auf mehrere Personen, deren jeweilige Beiträge sich am Ende möglichst perfekt zusammenfügen müssen. Der Gruppen-IQ stellt die Summe der Talente und Fähigkeiten der Gruppenmitglieder dar. Er ist maßgebend dafür, wie effektiv und effizient ein Projekt umgesetzt wird (Goleman, 2008, S. 205). Der US-Amerikaner postuliert, dass das wichtigste Element der Gruppenintelligenz nicht der IQ eines einzelnen Mitgliedes im Sinne der akademischen Leistung ist, sondern die emotionale Intelligenz. Sie entscheidet laut Goleman über die Gruppenintelligenz. Gemeint ist damit, dass selbst ein Team, das die schlauesten Köpfe unter sich weiß, keine gewinnbringende Arbeit verrichten kann, wenn die Teammitglieder nicht harmonieren können. Diese Erkenntnis geht auf die Yale-Psychologen Sternberg und Williams zurück, die untersuchten, weshalb manche Gruppen effektiver arbeiten als andere (Goleman, 2008, S. 205). Dabei stellten sie fest, dass in Gruppen, deren Stimmung harmonisch ausgewogen war, die Talente der Mitglieder am besten zum Tragen kamen.

Damit der Austausch der Teampartner gelingt, ist es also nötig, dass sie sich nicht nur auf der Sachebene mit professionellem „Know-How" begegnen. Die aktuelle Situation der Corona-Pandemie verhindert sogar Gruppentreffen und die „face-to-face"-Interaktion bzw. erlaubt lediglich Gespräche über digitale Formate (Videokonferenz). Damit der gewünschte Effekt (bspw. gelungene Meetings und Arbeitsprojekte) eintritt, ist es nötig, dass die eigenen Emotionen unter Kontrolle sind und die Reaktionen anderer schnell erfasst werden (Goleman, 2008, S. 155). Das eigene Auftreten muss der Gruppendynamik ständig angepasst werden.

Goleman (2008, S. 191) beschreibt, dass negative Emotionen (bspw. Zorn) oder das Unvermögen, die Gefühle von Kollegen wahrzunehmen, die Entwicklung produktiver Gedanken bedeutsam einschränkt. Eine zu hohe oder negative emotionale Erregung verschlechtert die Aufmerksamkeitsleistung und verhindert Lernprozesse und klare Entscheidungsvorgänge. Menschen, die nicht erspüren können, was in Gruppensituationen angebracht oder unangebracht ist, sind eine Belastung für Teams.

Ist es Teammitgliedern allerdings möglich die Gefühle der Kollegen nachzuvollziehen und bei unterschiedlichen Meinungen nicht sofort eine Eskalation entstehen zu lassen, kann daraus ein Mehrwert für das Team erwachsen. Goleman (2008, S. 192) postuliert, dass bei einer guten EI „Beschwerden als hilfreiche Kritik" behandelt werden und eine „Atmosphäre der Vielfalt" geschätzt wird.

Neben den emotionalen Fähigkeiten der Teammitglieder selbst sind die emotionalen Fähigkeiten derer von Bedeutung, die Teams zusammensetzen: Führungskräfte. Vorgesetzte, die über eine hohe emotionale Intelligenz verfügen, erfassen die sozialen Beziehungen der Angestellten untereinander. Folglich ist die Wahrscheinlichkeit erhöht, Personen in Teams zu formieren, die gut „miteinander harmonieren". Neben den wahrnehmungsbezogenen Fähigkeiten einer Führungskraft sind auch die Managementkompetenzen von Belang. Bei der Gründung von Teams ist es nützlich, wenn die Teammitglieder inspiriert, motiviert und gelenkt werden. Diese Fähigkeiten sind bspw. auch während schwieriger Phasen förderlich, um nach Niederlagen oder Misserfolgen die Teammitglieder wieder zu ermutigen. Ebenso ist eine vermittelnde Kompetenz bei Meinungsverschiedenheiten hilfreich, um keine destruktiven Polaritäten entstehen zu lassen (Goleman, 2002, zit. nach Maltby et al. 2011, S. 738-739). Eine emotionale intelligente Führungskraft versteht es, Störfaktoren, die eine Gruppenarbeit und -dynamik beeinträchtigen, so zu eliminieren, dass sich keiner der Teammitglieder ausgegrenzt, benachteiligt oder als weniger wichtig für die Gruppe empfindet.

Zuletzt soll auf die Bedeutung von Netzwerken eingegangen werden, wie sie Goleman (2008, S. 206-207) erläutert. Eine Studie der Bell Labs (weltberühmte wissenschaftliche Denkfabrik nahe Princeton) zeigte, dass unter hochqualifizierten Ingenieuren und Wissenschaftlern letztendlich nicht der IQ, sondern der EQ darüber entschied, ob sie sich von den überdurchschnittlich intelligenten Kollegen nochmals abhoben oder nicht. Die sogenannten „Stars" kamen mit ihren Aufgaben besser voran, weil sie Beziehungen zu Personen hatten, deren Dienste oder Hilfe sie in entscheidenden Momenten nutzen konnten. Solche „informellen" Netzwerke sind v. a. deshalb effektiv, weil sie schnell funktionieren und über Abteilungen hinweg flexibel genutzt werden können.

3.3 Kritik

Die Begrifflichkeit der emotionalen Intelligenz (EI) ist in der Forschung umstritten. Eysenck (2000, zit. nach Maltby et al. 2011, S. 712) kritisiert, dass die Theorien der EI Aspekte der Intelligenz und Aspekte der Persönlichkeitstheorien miteinander vermischen. Solche unscharfen Trennlinien seien unwissenschaftlich, weil im Falle einer prädiktiven Kraft eines gemischten Modells immer unklar bliebe, ob der Prädiktor auf die EI oder die Persönlichkeitseigenschaften zurückzuführen ist. Goleman und Emmerling sehen in der Verzahnung der beiden Bereiche jedoch gerade ihre Stärke, weil so nachvollzogen werden kann, inwiefern sich Verhaltensweisen gegenseitig beeinflussen und zusammenwirken (Maltby et al. 2011, S. 712). Die Modelle von Goleman und Bar-On verfolgen primär das Ziel zu erklären, was eine emotionale intelligente Person ausmacht. Hierfür werden häufig die Fähigkeiten und Verhaltensweisen derjenigen untersucht, die als emotionale intelligent gelten. Wer widerum als emotionale intelligent gilt, wird häufig an beruflichen Erfolgen festgemacht (Maltby, 2011, S. 706). Salovey und Mayer hingegen, setzen sich damit auseinander das Konstrukt der EI zu definieren. Eine Studie von Schulte et al. (2004, zit. nach Maltby et al. 2011, S. 712-713) hat sich zum Ziel gesetzt, die gesamten Fähigkeiten und Kompetenzen eines Individuums zu messen. Dafür wurden 102 US-amerikanische Studenten hinsichtlich ihrer generellen (IQ) und emotionalen (EQ) Intelligenz, der Persönlichkeit und dem Geschlecht untersucht. Das Ergebnis stützt die Ansicht Eysencks, denn die Untersuchung zeigte, dass nur ein geringer Bestandteil der EI zu den gesamten Fähigkeiten und Kompetenzen beiträgt. Folglich ist in logischer Konsequenz dieser Studie der Wert der EI und die damit verbundene Forschung wenig gewinnbringend für die Psychologie.

Eysenck bewertet die Messung der EI noch aus einem anderen Grund als problematisch. Während die (generelle) Intelligenz (IQ) bspw. in akademischen Erfolgen einen Ausdruck findet, fehlt bei der EI ein solches beobachtbares Merkmal. Goleman widerspricht der Kritik insofern, dass seiner Auffassung nach beruflicher Erfolg u. a. auf Aspekte der EI zurückgeführt werden kann. Dem Psychologen Bar-On und dem Journalisten

Goleman wird vorgeworfen, die EI mit biologischen Zusammenhängen in Verbindung zu bringen, ohne hierfür ausreichende empirische Beweise vorlegen zu können. Asendorpf (2007, S. 216) formuliert, dass emotionale Intelligenz zum aktuellen Forschungszeitpunkt nichts mit Intelligenz zu tun hat, sondern es sich lediglich um soziale Kompetenzen handele. Die große Popularität des Begriffs (v. a. außerhalb der Universitäten) geht auf Goleman zurück. Die Debatte um die EI hat v. a. in Unternehmen ein Überdenken alter Strukturen ausgelöst. Das ist eine positiv zu wertende Entwicklung, die mit Neuerungen und Verbesserungen bspw. durch entsprechendes Coaching der Führungskräfte einhergeht. Streitbar bleibt, ob dabei soziale Kompetenzen (Persönlichkeitseigenschaften) oder die emotionale Intelligenz gecoacht werden. Nach dem jetzigen wissenschaftlichen Standpunkt ist die Meinung vorherrschend, dass es eine klar messbare EI (noch) nicht gibt, zumindest lässt sie sich noch eindeutig genug von den sozialen Kompetenzen abgrenzen. Die Diskussion darüber hat jedoch eine in der Öffentlichkeit, insbesondere in der Wirtschaft, beobachtbare Sensibilität für die Thematik geschaffen. Sie ist nicht zuletzt darin erkennbar, dass es zahlreiche Coaching- und Schulungsangebote gibt, die versprechen, die EI von Angestellten und Führungskräfte zu verbessern, um ein Unternehmen gegenüber der Konkurrenz besser aufzustellen. Es kann jedoch spekuliert werden, ob das Versprechen, die „Emotionale Intelligenz" zu steigern, etwas moderner und aufsehenerregender wirkt, als mit der „Stärkung sozialer Kompetenzen" zu werben. Bei einer Internetrecherche nach Anbietern für solche Coachings kann leicht der Eindruck entstehen, dass „soziale Kompetenz" und „emotionale Intelligenz" fast synonym verwendet werden. Diese Tatsache induziert die Vermutung, dass es eine größere Gruppe von Personen gibt, die soziale Kompetenzen als Teil der EI ansehen. Insofern ist es im Sinne des akademischen Interesses wichtig, eine klare Trennung der beiden Begrifflichkeiten zu forcieren.

4 Literatur

Asendorpf, J. B. (2007). Psychologie der Persönlichkeit, 4. Aufl., Heidelberg.

Asendorpf, J. B. (2009). Persönlichkeitspsychologie, Heidelberg.

Caspar, F., Pjanic, I., Westermann, S. (2018). Klinische Psychologie, Wiesbaden,

Davison, G. C., Neale, J. M., Hautzinger, M. (2016). Klinische Psychologie, 8. Aufl., Weinheim/Basel.

Faltermaier, T. (2017). Gesundheitspsychologie, 2. Aufl., Stuttgart.

Gerrig, R.J. (2018). Psychologie, 21. Aufl., Hallbergmoos.

Goleman, D. (2008). Emotionale Intelligenz, 20. Aufl., München.

Gühne, U., Riedel-Heller, S. G. (2015). Die Arbeitssituation von Menschen mit schweren psychischen Erkrankungen in Deutschland. Hrsg.: Deutsche Gesellschaft für Psychiatrie und Psychotherapie, Psychosomatik und Nervenheilkunde e. V. (DGPPN) und Gesundheitsstadt Berlin GmbH, Berlin.

Leucht, S., Hasan, A., Jäger, M., Vauth, R. (2019). Schizophrenien und andere psychotische Störungen. In: Berger, M. (Hrsg), Psychische Erkrankungen, Klinik und Therapie, 6. Aufl., München, S. 301-362.

Maltby, J., Day, L., Macaskill, A. (2011). Differentielle Psychologie, Persönlichkeit und Intelligenz, 2.Aufl., München.

Mombour, W., Schmidt, M. H. (2011). Internationale Klassifikation psychischer Störungen, 8. Aufl., Bern.

Schmidt-Atzert, L., Peper, M., Stemmler, G. (2014). Emotionspsychologie, 2. Aufl., Stuttgart.

Steadman, K. (2015). Arbeiten mit Schizophrenie. Erwerbstätigkeit, Wiedereinstieg und Eingliederung in Deutschland. In: The Work Fundation – Part of Lancaster University.

5 Online-Literatur

Nischk, D., Hauk, S., Flügel, S., Grünmüller, E., Klimm, W., Temme, A. (2018). Wie effektiv ist „Individual Placement and Support" (IPS) im Landkreis Konstanz? https://www.zfp-reichenau.de/fileadmin/Freigabe_ZfP_Reichenau/Dokumente/Jahresbericht_2017_wie_effektiv_ist_IPS_23.04.2018.pdf, abgerufen am 12.11.2020.